Qui parle français ?

Livre 2

Qui parle français ?
Livre 2

First edition 2019

Author: Carla Tarini
Editor: Kirstin Plante
Copy-editor: Anny Ewing
Illustrator: Esther Rosier
Design: Arcos Publishers

Arcos Publishers
Molengouw 36
1151 CJ Broek in Waterland
info@arcospublishers.com
www.arcospublishers.com

ISBN 9781079457148
BISAC LAN012000

Keywords: language learning, French language, CERF A2, French-speaking cultures

Contents

Berthe
Morisot
1841–1895

Je m'appelle Berthe Morisot

Je m'appelle Berthe Morisot.

Je suis née en 1841 (mille huit cent quarante et un).

Je viens de France, en Europe. Je suis française.

Je vais de temps en temps au musée du Louvre à Paris.

J'aime les peintures au Louvre.

Je fais des copies de peintures importantes.

Je suis artiste. Je suis peintre.

J'ai des amis qui sont peintres, comme moi : Edouard Manet et Edgar Degas.

J'aime peindre en plein air.*

J'aime aussi peindre des scènes domestiques.

Je vais souvent à Bougival et à Nice avec ma famille. Ces voyages m'inspirent !

Certaines de mes peintures sont très célèbres. Ça, c'est bien !

Est-ce que c'est facile d'être une femme peintre ? C'est une bonne question.

* en plein air – outdoors

Je m'appelle Magie Faure-Vidot

Je m'appelle Magie Faure Vidot. Je m'appelle aussi Maggie Vijay-Kumar.

Je suis née en 1958 (mille neuf cent cinquante-huit).

Je viens de la République des Seychelles, qui est située dans l'océan Indien.

Je parle créole seychellois. Je parle aussi français et anglais.

J'aime les chiens. J'adore la poésie.

Je suis poète. Je poste beaucoup de poèmes sur Facebook.

Mon premier livre de poésie s'appelle *Un grand cœur triste*.

J'ai aussi d'autres livres de poésie.

Je vais souvent aux festivals littéraires.

Je participe à des concours et à des compétitions littéraires.

J'ai des médailles importantes pour mes poèmes. C'est un honneur.

Je veux inspirer et aider les autres à écrire des poèmes, à s'exprimer.

J'aime la vie aux Seychelles : la culture, la nature, les amis, la langue.

Je suis une personne heureuse. J'aime rire.

Est-ce qu'un rire peut parcourir le monde ? Pourquoi pas ? !

J'ai la joie de vivre ! Zwad vive !*

* Zwad vive in Seychellois Creole / joie de vivre in French – living life to the fullest

Magie
Faure Vidot
1958

Aïssata
Touré Kane
1938

Je m'appelle Aïssata Touré Kane

Je m'appelle Aïssata Touré Kane.

Je suis née en 1938 (mille neuf cent trente-huit).

Je viens de Mauritanie. La Mauritanie est en Afrique de l'Ouest.

Je vais au Sénégal pour mon éducation primaire et secondaire.

Je vais à Bruxelles, en Belgique, en Europe, pour aller à l'université.

Je suis intelligente. Je suis déterminée. Je suis active.

Je m'intéresse à la politique.

Je sais parler aux hommes.

Je sais organiser, fonder et créer des associations.

Je suis la première femme ministre en Mauritanie. Ça, c'est très bien !

Je veux aider les filles, les femmes et les familles.

Il y a des coutumes* en Mauritanie que je ne peux pas accepter.

Il y a des pratiques en Mauritanie que je veux changer.

J'ai des idées importantes.

J'ai des idées controversées.

Je suis une femme mauritanienne et j'ai beaucoup d'idées.

* coutumes – customs, practices

Je m'appelle Voltaire

Je m'appelle François-Marie Arouet. Je m'appelle aussi Voltaire.

Je suis né en 1694 (mille six cent quatre-vingt-quatorze) à Paris, en France.

Je pense que Benjamin Franklin a de bonnes idées. Il est intelligent, comme moi !

Je ne tolère pas l'absolutisme français. Je critique souvent la monarchie.

Je vais en prison.

Je pense que la liberté de religion est essentielle.

Je déteste l'intolérance. Je déteste l'hypocrisie.

J'écris des lettres, des livres, des poèmes et des pièces de théâtre.

Je suis souvent sarcastique.

J'écris *Candide*. J'écris *Candide* d'un style sarcastique.

Dans *Candide*, je critique la philosophie de l'optimisme.

Est-ce que tout est pour le mieux ?

Est-ce que tout est parfait ? Je pense que non.

Mon livre, *Candide*, a une énorme influence.

J'ai un jardin. J'aime mon jardin. J'aime cultiver mon jardin.

Je dis souvent : « Il faut* cultiver notre jardin.* »

* Il faut cultiver notre jardin. – We must
cultivate our garden

Voltaire
1694 – 1778

Elaan of Troyius

Ying-Ying

France Nuyen

Alma

France Nuyen

France
Nuyen
1939

12

Je m'appelle France Nuyen

Je m'appelle France Nguyen Van Nga. Je m'appelle aussi France Nuyen.

Je suis née à Marseille, en France, en 1939 (mille neuf cent trente-neuf).

Ma mère est française.

J'ai aussi des origines vietnamiennes. Mon père est du Vietnam, en Asie.

Je suis une actrice célèbre.

Est-ce que je suis plus célèbre aux États-Unis qu'en France ? C'est possible.

Je fais des films.

Par exemple, je joue dans *Battle for the Planet of the Apes*.

Je suis à la télévision. Je joue dans *Star Trek* avec William Shatner.

Je pense que je suis la première actrice vietnamienne à la télé américaine.

J'aime les fleurs. J'adore les orchidées.

J'ai une fille qui s'appelle Fleur. Elle aime le cinéma, comme moi.

Je m'intéresse aussi à la psychologie.

J'ai un diplôme en psychologie.

Je veux aider les femmes et les enfants qui sont en difficulté.

Je m'appelle Claude Cohen-Tannoudji

Je m'appelle Claude Cohen-Tannoudji.

Je suis né en 1933 (mille neuf cent trente-trois).

Je suis né à Constantine, en Algérie, en Afrique du Nord.

Mes parents, Abraham et Sarah, sont juifs. Moi aussi, je suis juif.

Je vais en France pour continuer mon éducation. Je vais à Paris.

Je suis un homme intelligent. Je suis consciencieux et attentif.

J'aime les sciences et les mathématiques.

J'adore la physique. Je suis fasciné par les atomes.

J'aime observer la structure des atomes : les électrons, les protons, les neutrons.

J'ai un prix Nobel. C'est un grand honneur !

Je suis humaniste.

Je suis inquiet, très inquiet, de la situation climatique de la planète.

Je pense que l'activité humaine a des conséquences dangereuses.

Je pense qu'il est essentiel de préserver les ressources naturelles.

Je sais que c'est vital pour tout le monde.

Claude
Cohen-Tannoudji
1933

15

Hélène
Dutrieu
1877 – 1961

Je m'appelle Hélène Dutrieu

Je m'appelle Hélène Dutrieu.

Je suis née en Belgique, en Europe, en 1877 (mille huit cent soixante-dix-sept).

J'adore les bicyclettes, les motos et les voitures.*

J'aime les activités risquées, aventureuses et dangereuses.

Je suis une risque-tout !

Je suis championne de cyclisme parce que je vais très, très vite.

Je fais de l'acrobatie sur ma bicyclette et sur ma moto.

Je peux sauter très haut. Le public adore ça !

J'adore les voitures de course parce que j'adore aller vite, vite, vite !

Je suis pionnière dans l'aviation des femmes. Je suis pilote.

Je suis la quatrième femme au monde à avoir mon brevet de pilote**.

Je suis aussi la première femme belge à avoir mon brevet de pilote.

J'ai beaucoup de prix pour tous mes accomplissements.

* les voitures - cars
** brevet de pilote – pilot's license

Je m'appelle Mahamat Saleh Haroun

Je m'appelle Mahamat Saleh Haroun.

Je suis né en 1961 (mille neuf cent soixante et un) au Tchad, en Afrique Centrale.

Il y a des conflits au Tchad, alors je vais au Cameroun et en France.

Je suis un homme intelligent, curieux et créatif.

J'aime lire les livres d'Aimé Césaire, un poète qui vient de Martinique.

J'adore le cinéma et je sais faire des films.

Je suis cinéaste.

J'utilise souvent des acteurs non-professionnels. C'est plus réaliste comme ça.

Mon film, *Un Homme qui crie*, est un film tragique, mais pas mélodramatique.

Le film parle de la relation entre un père, Adam, et son enfant, Abdel.

Qui est l'homme qui crie ? Adam ou Abdel ?

J'ai des prix pour mes films. Quel honneur !

Mahamat Saleh
Haroun
1961

Tété-Michel
Kpomassie
1941

Je m'appelle Tété-Michel Kpomassie

Je m'appelle Tété-Michel Kpomassie.

Je suis né en 1941 (mille neuf cent quarante et un) au Togo.

Le Togo est en Afrique de l'Ouest.

J'ai une famille traditionnelle togolaise.

Je n'aime pas les pythons dans la jungle.

Je suis fasciné par le Groenland. Non, je suis obsédé par le Groenland !

Je fais tout pour aller au Groenland.

Je voyage en Afrique. Je voyage en Europe.

Finalement, j'arrive au Groenland. C'est fantastique !

Est-ce que je suis le premier Africain au Groenland ? C'est possible !

J'aime les icebergs. J'aime la neige. J'aime les traditions des Inuits.

Il n'y a pas de jungles et il n'y a pas de pythons au Groenland !

J'écris souvent dans mon journal. Je veux publier un livre sur mes aventures.

Le titre de mon livre, c'est *L'Africain du Groenland*.

J'ai beaucoup de respect pour les Groenlandais, pour les inuits.

Je m'appelle Clifton Chenier

Je m'appelle Clifton Chenier.

Je suis né en 1925 (mille neuf cent vingt-cinq) en Louisiane, aux États-Unis.

Je parle anglais et je parle aussi le français de la Louisiane– kréol la lwizyàn.

J'aime ma famille parce que ma famille adore la musique, comme moi !

Je joue de l'accordéon.

J'aime le blues, le jazz, le R & B et la musique cajun.

J'adore, j'adore, j'adore la musique zydeco !*

Les rythmes sont fantastiques. Le zydeco, c'est bien pour danser.

Je joue aussi d'un autre instrument, un instrument unique. C'est le frottoir. **

Le frottoir est essentiel pour la musique zydeco.

Mon album, *Bayou Blues*, est un album exceptionnel.

Ma chanson, *Bogalusa Boogie*, est d'une importance historique.

J'ai un Grammy. Quel honneur !

Je suis le roi. Le roi du zydeco !

* Zydeco music has roots in Creole, Cajun, blues, and rhythm & blues genres.

** frottoir – washboard

Clifton
Chenier
1925 – 1987

23

Carla
Tarini
1962

My name is Carla Tarini.

My name is Carla Tarini.

I was born in 1962, near Chicago, in the United States.

My family loves boxer puppies. We also like to play cards.

At the university, I study French and Italian.

My favorite teacher is Madame Kaplan. Now she is my friend.

I go to Nice, France and stay there for four years.

I have two children and one dog. They are the best!

I like to walk along the beach, swim and do crossword puzzles.

I am a French teacher.

I learn to teach with Comprehensible Input.

My students acquire French very quickly now. Yay!

I love to write stories. I have fun doing research for this biography series.

I find many interesting people– some famous, others less famous.

To me, they are equally important: they are all people.

I hope you enjoy reading these stories.

I hope you enjoy meeting everyone.

I hope you enjoy discovering the French-speaking world.

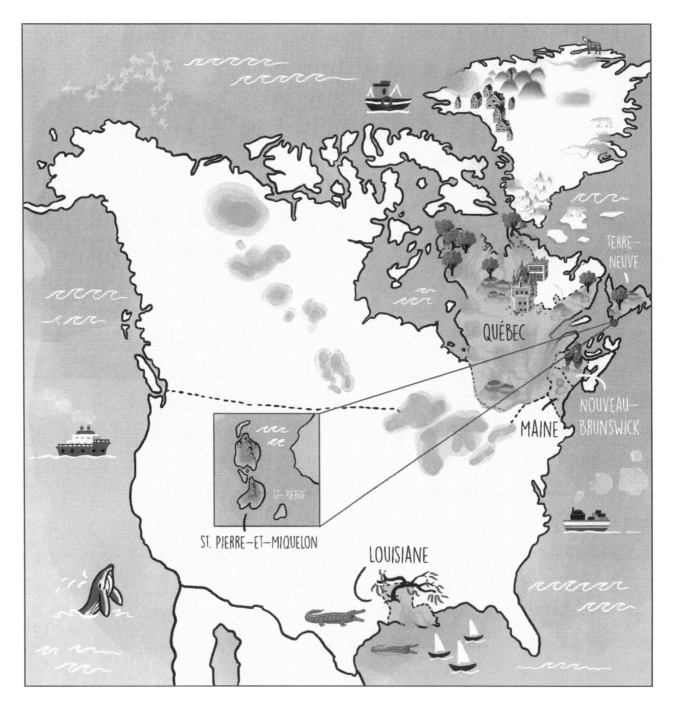

TERRE-NEUVE

QUÉBEC

MAINE

NOUVEAU-BRUNSWICK

ST. PIERRE

ST. PIERRE-ET-MIQUELON

LOUISIANE

SAINT-MARTIN

HAÏTI

SAINT BARTHÉLEMY

GUADELOUPE

DOMINIQUE

MARTINIQUE

SAINTE-LUCIE

AMÉRIQUE DU SUD

GUYANE (FRANÇAISE)

BELGIQUE
LUXEMBOURG
FRANCE
SUISSE
MONACO
CORSE
MAROC
ALGÉRIE
TUNISIE
SYRIE
LIBAN

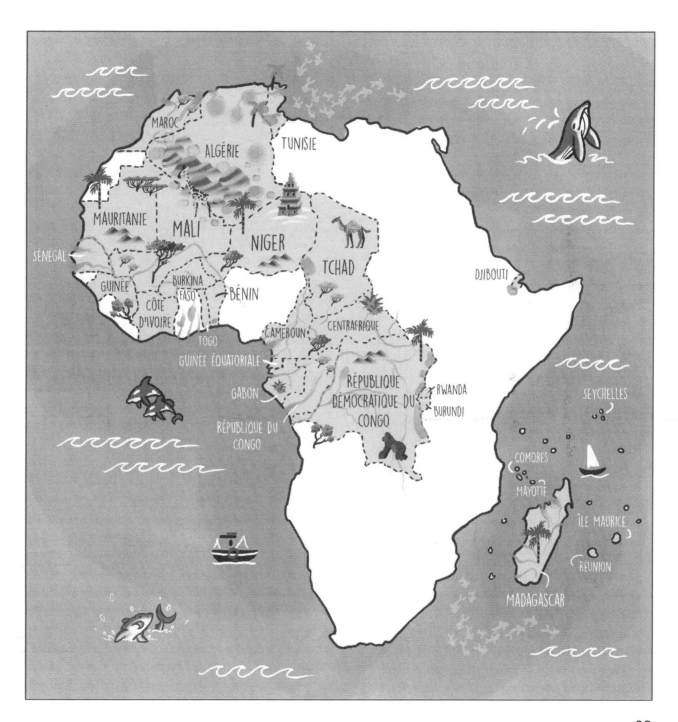

PONDICHÉRY

INDE

LAOS

VIÊT NAM

CAMBODGE

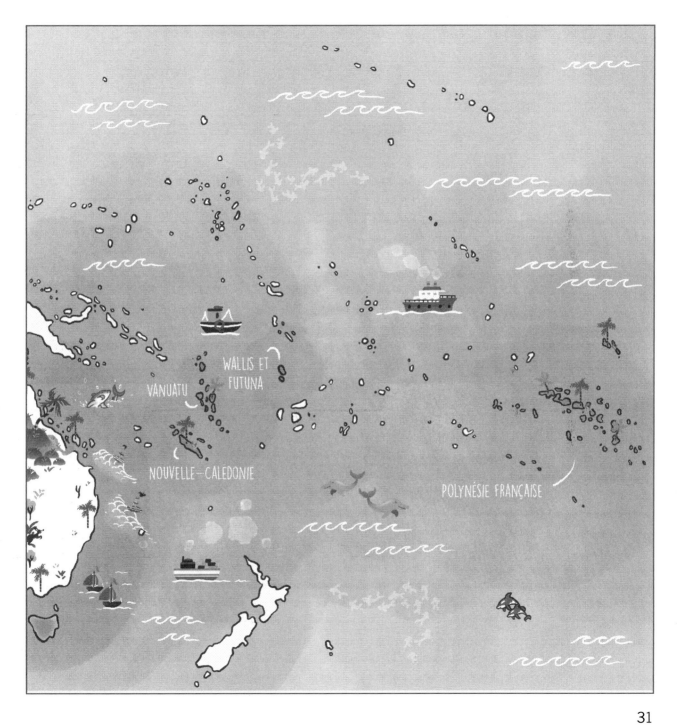

WALLIS ET FUTUNA

VANUATU

NOUVELLE—CALEDONIE

POLYNÉSIE FRANÇAISE

Glossary

A

a	has
il y a	there is, there are
à	in, at, to
continue à jouer	continues to play
à l'	in/at/to the, made of
à la	in/at/to the, made of
absolutisme	absolutism
accepter	to accept
accomplissements	accomplishments
accordéon	accordion
acrobatie	acrobatics
acteur(s)	actor(s)
active	active
activité	activity
activités	activities
actrice	actress
actrices	actresses
adore	adore, love
africain(s)	African
Africain(s)	African(s)
africaine(s)	African
Africaine(s)	African(s)
Afrique	Africa
afro-américain	African-American
aider	to help
ai	have

j'ai	I have
aime	like, likes, love, loves
aiment	like, love
air	air
en plein air	outdoors
album(s)	album(s)
Algérie	Algeria
aller	to go
alors	so
zut alors!	darn it!
américain(s)	American
Américain(s)	American(s)
américaine(s)	American
Américain(s)	Américain(s)
ami(s)	friend(s)
anglais	English
appelle	call, calls
je m'appelle	my name is
elle s'appelle	her name is
il s'appelle	his name is
arrive	arrive, arrives
artiste(s)	artist(s)
association(s)	association(s)
atomes	atoms
attentif	attentive
au	in/at/to the, made of
jouer au	to play (a sport)
autre(s)	other

les autres	the others
aux	in the, at the, to the
avec	with
aventures	adventures
aventureuses	adventurous
aviation	aviation
aviatrice	aviatrix, pilot
avion(s)	airplane(s)
avoir	to have

B

bayou(s)	bayou(s), wetland(s)
beaucoup	a lot
beaucoup de	a lot of
belge	Belgian
Belgique	Belgium
bicyclette(s)	bicycle(s)
bien	well, good
bien sûr	of course
bien sûr que oui	yes of course
bien sûr que non	of course not
biographies	biographies
bon(s)	good
bonne(s)	good
Bougival	Bougival
brevet	license
Bruxelles	Brussels

C

c'est	it's, that's; he's, she's
ça	that

cajun	Cajun
Cajun(s)	Cajun(s)
Cameroun	Cameroon
ce	this, that
célèbre(s)	famous
cent	hundred
centrale	central
certain(s)	certain, some
certaine(s)	certain, some
ces	these, those
championne	female champion
changer	to change
chanson(s)	song(s)
chaque	each
chien(s)	dog(s)
cinéaste	movie director
cinéma	cinema, movies, movie theater
cinq	five
cinquante	fifty
climatique	climatic
comme	like, as
comme moi	like me
comme mannequin	as a model
compétition(s)	competition(s)
concerts	concerts
concours	contest
conflit(s)	conflict(s)
connaître	to know, to be familiar with
consciencieux	conscientious
conséquence(s)	consequence(s)

Constantine	Constantine
continuer	to continue
contre	against
controversées	controversial
copies	copies
course	race
voitures de course	race cars
coutumes	customs, practices
creatif	creative
créer	to create
créole	Creole
crie	yell, yells
critique	criticize, criticizes
cultiver	to cultivate
culture(s)	culture(s)
curieux	curious
cyclisme	cycling

D

d'	of, from; not any
d'où	from where
je n'ai pas d'	I don't have any
dangereuse(s)	dangerous
dans	in, into
danser	to dance
de	of, from, some
de	not any
je n'ai pas de	I don't have any
décide	decide, decides
des	of the, from the, some
déterminé(e)	determined
déteste	hate, detest

dictionnaire	dictionary
difficulté	difficulty
diplôme(s)	diploma(s)
dis	say
dix	ten
domestiques	domestic, relating to home and family
d'où	from where
du	of the, from the, some
jouer du	to play (an instrument)

E

écrire	to write
écris	write
éducation	education
électrons	electrons
elle	she, it
en	in
de temps en temps	from time to time
en savoir plus	to know more about it
endroits	places
énergie	energy
enfant	child
enfants	children
énorme	enormous
entre	between
essentiel	essential
essentielle	essential
est	is
n'est-ce pas?	isn't that so?
est	east
nord-est	northeast

sud-est	southeast
et	and
état(s)	state(s)
États-Unis	United States
être	to be, be, being
Europe	Europe
excellent	excellent
exceptionnel	exceptional
exprimer	to express
s'exprimer	to express oneself

F

facile	easy
faire	to do, to make
faire la cuisine	to cook
fais	do, make
fais partie	take part
fait	does, makes
famille	family
familles	families
fantastique(s)	fantastic
fasciné	fascinated
faut	is necessary
femme	woman
femmes	women
festival(s)	festival(s)
fille(s)	girl(s); daughter(s)
film(s)	movie(s)
finalement	finally
fleur(s)	flower(s)
font	do, make
français	French

française(s)	French
France	France
francophone	French-speaking
frottoir	washboard

G

grand(s)	big, tall, large
Groenland	Greenland
groenlandais	Greenlandic
Groenlandais	Greenlander(s)

H

haut	high
haute couture	high fashion
heureuse(s)	happy
historique(s)	historical
homme	man
hommes	men
honneur(s)	honor(s)
huit	eight
humaine(s)	human
humaniste	humanist
hypocrisie	hypocrisy

I

iceberg(s)	iceberg(s)
idée(s)	idea(s)
il	he, it
il y a	there is, there are
illustration(s)	illustration(s)
ils	they

importance	importance
importante(s)	important
indien(s)	Indian
influence	influence, influences
une influence	an influence
inquiet	nervous
inspirent	inspire
inspirer	to inspire
instrument(s)	instrument(s)
intelligent(s)	intelligent
intelligente(s)	intelligent
intéressant(s)	interesting
intéressante(s)	interesting
intéresse	interest
je m'intéresse à	I'm interested in
intérieur	interior
intolérance	intolerance
Inuits	Inuits

J

j'	I
j'ai	I have
j'aime	I like, I love
jardin	garden
jazz	jazz
je	I
joie	joy
joie de vivre	living life to the fullest
joue	play, plays
je joue dans un film	I act in a movie
je joue au football	I play soccer
je joue du violon	I play the violin

journal	journal, diary
Juif(s)	Jew(s)
juif(s)	Jewish
jungle(s)	jungle

K

kreol, kréol	Creole

L

l'	the
l'on	one, people
où l'on parle	where people speak
la	the
langue(s)	language(s), tongue(s)
langue maternelle	native language, mother tongue
le	the
les	the
lettre(s)	letter(s)
liberté	freedom
libre	free
lire	to read
littéraire(s)	literary
livre(s)	book(s)
Louisiane	Louisiana
Louvre: Musée du Louvre	Louvre Museum
lumière	light
luxe, de luxe	luxury
lwizyàn	Louisiana
kréyol la lwizyàn	Louisiana Creole

M

m'	me, to me, myself
je m'appelle	my name is
ça m'inspire	that inspires me
ma	my
magique	magic
mais	but
Marseille	Marseilles
Martinique	Martinique
mathématiques	math
Mauritanie	Mauritania
mauritanienne	Mauritanian
médaille(s)	medals
mélodramatique	melodramatic
mère	mother
mes	my
mieux	better, best
le mieux	the best
militaire(s)	military man; military
mille(s)	thousand(s)
mini-biographies	mini-biographies
ministre	minister
premier ministre	prime minister
moi	me
chez moi	at my home
mon	my
monarchie	monarchy
monde	world
tout le monde	everyone
moto(s)	motorcycle(s)
musée	museum
musique(s)	music

N

n' ... pas	not
je n'accepte pas	I do not accept
nature	nature
naturelle(s)	natural
ne ... pas	not
je ne suis pas	I am not
né	born
je suis né	I was born
née	born
je suis née	I was born
neige	snow
n'est-ce pas?	isn't that so?
neuf	nine
neutron(s)	neutron(s)
Nice	Nice–city in France
non	no
je pense que non	I don't think so
nord	north
nord-est	northeast
notre	our
numéro	number

O

obsédé	obsessed
observer	to observe
océan	ocean
océanographique	oceanographic
on	one, people
où l'on parle français	where people speak French

optimisme	optimism
optimiste	optimistic, optimist
orchidées	orchids
organiser	to organize
origine(s)	origins
ou	or
où	where
d'où	from where
ouest	west
oui	yes

𝒫

par	by; through
par exemple	for example
parce que	because
parcourir le monde	travel around the world
parents	parents
parfait	perfect
Paris	Paris–capital of France
parle	speak, speaks
parler	to speak
participe	participate, participates
pas, ne ... pas	not
je ne suis pas	I am not
peindre	to paint
peintre	painter
peinture(s)	painting(s)
pense	think, thinks
je pense que oui	I think so
Pennsylvanie	Pennsylvania
père	father
personne	person

peut	can, is able
peux	can, am able
philosophie	philosophy
physique	physics; physical
pièce(s)	pieces; rooms
pionnière	pioneer
planète(s)	planet(s)
plein(s)	full
en plein air	outdoors
plus	more
plus que	more than
la plus	the most
le plus	the most
les plus	the most
poème(s)	poem(s)
poésie	poetry
poète(s)	poet(s)
politique	politics, political
position(s)	position(s)
possible	possible
poste	post
pour	for; in order to
pourquoi	why
pourquoi pas	why not
pratiques	practical
préjugé	prejudice
premier(s)	first
premier ministre	prime minister
première(s)	first
préserver	to preserve
primaire	primary
prison	prison

prix	prize
prix Nobel	Nobel prize
professionnel	professional
proton	proton
psychologie	psychology
public	public
publier	to publish
python(s)	python(s)

Q

qu'	that; than; what
quarante	forty
quatorze	fourteen
quatre	four
quatrième	fourth
que	that; than; what
quel(s)	which, what
quel honneur !	what an honor!
qu'est-ce que	what is it that; what
qu'est-ce qu'ils aiment?	what do they like?
question	question
qui	who; that
race	race
réaliste	realistic; realist
relations	relationship
religion(s)	religion(s)
république	republic
respect	respect
ressources	resources
rire	to laugh
un rire	a laugh

risquée(s)	risky
roi	king
rythme(s)	rhythm(s)

S

s'	himself, herself
s'appelle	his/her name is
Saint-Domingue	Saint-Domingue
sais	know
je sais jouer	I know how to play
sarcastique	sarcastic
sauter	to jump
savoir	to know
en savoir plus	to know more about it
scène(s)	scene(s)
science(s)	science(s)
se	himself, herself, oneself
secondaire	secondary
Sénégal	Senegal
sept	seven
série	series
Seychelles	Seychelles
seychellois	Seychellois
situation	situation
située	situated, located
six	six
sixième	sixth
soixante	sixty
son	his, her
sont	are
souvent	often
spéciale(s)	special

style	style
sud	south
sud-est	southeast
sud-ouest	southwest
suggestion	suggestion
suis	am
sur	on
sûr	sure, certain
bien sûr	of course, certainly
bien sûr que oui	yes of course

T

Tchad	Chad
télé	TV
télévision	television
temps	time, weather
de temps en temps	from time to time
théâtre	theater
titre	title
Togo	Togo
togolaise	Togolese
tolère	tolerate, tolerates
tous	all, everything, everyone
tout	all, everything
tout le monde	everyone
tradition(s)	tradition(s)
traditionnelle(s)	traditional
traité	treaty
tragique	tragic
trente	thirty
très	very
triste	sad

trois	three
tu	you

U

un	a, one
une	a, one
unique	unique
unis	united
États-Unis	United States
université	university
utilise	use, uses

V

vais	go, am going
veux	want
vie	life
viennent	come
d'où viennent-ils?	where do they come from?
viens	come
viens de	come from
vient	comes
vient de	comes from
Vietnam	Vietnam
vietnamien(s)	Vietnamese
vietnamienne(s)	Vietnamese
vingt	twenty
vital	vital
vite	quickly
vive	to live
zwad vive	living life to fullest

vivre	to live
joie de vivre	exuberant enjoyment of life, living life to the fullest
voiture(s)	car(s)
voiture de course	race car
voyage	travel, travels
un voyage	a trip
des voyages	trips

Y

y	there
il y a	there is, there are

Z

zwad vive	joie de vivre: exuberant enjoyment of life, living life to the fullest
zydeco	Zydeco

Dedication

To Su Pesa and Alisa Shapiro: You are the best colleagues and friends. May language teachers around the world have as much fun at their jobs as we do. Aloha!

Acknowledgments

First, I would like to thank Kirstin Plante of Arcos Publishers. You jumped on board with this project after one conversation and you didn't mind its ever-expanding scope. Thank you for your confidence, for finding our illustrator, and for working on every aspect in true partnership. It has been a pleasure to work with you.

Next, several people reviewed these stories at various stages. Thank you to Isabelle Kaplan and Bertrand Cocq who provided valuable feedback early on. Thank you to Cécile Lainé, Bernard Rizzotto, Françoise Mishinger and Nelly Adelard who caught typos and ensured that the text sounded natural. Bernard and Cécile, you understood my vision immediately and I'm grateful for your encouragement. Our copy-editor, Anny Ewing, put the final set of eyes on the books. Anny, thank you for your attentive reading, spot-on suggestions and kind praise. I am also grateful to Esther Rosier, our illustrator. Her drawings offer multiple layers of exploration for readers and teachers.

I wouldn't have started to teach with Comprehensible Input if not for Donna Tatum-Johns, whom I saw at my first TPRS workshop. Within 10 minutes, I knew I was in the exact right place. At subsequent CI trainings, I learned from Blaine Ray, Carol Gaab, Karen Rowan and Jason Fritze. I'm lucky to have met you all. Although you didn't know of my efforts to write this series, you certainly had a role in shaping my desire to do so.

To my 6th grade students of the past few years: it has been gratifying to watch you choose these stories during our reading time and then ask if I would write more. I wrote these for you.
And finally, to my children, Jaco and Eliana, to my siblings Eva and Paul, and to my beau, Iñigo. You are always there for me, even when I'm busy behind the computer screen. And to my lovely parents... I can almost hear Dad reading these stories aloud to Mom with his best French accent.

A note to teachers & students

French is the official language of over two dozen countries and nearly 300 million people speak it today. Of course, the language sounds somewhat different from one country to the next. French is the 5th most widely spoken language in the world and it is estimated that by the year 2050, there will be over 700 million French speakers. Welcome to the club!

Qui parle français ? is a cultural stepping stone for French students ages 11 to 99. Written with simple elegance, the 100 biographies in this 10-book series target high-frequency language and abound with cognates.

Engaging illustrations accompany each story. This pairing offers the teacher a rich platform for providing compelling input. The cross-curricular tie-ins are numerous: geography, history, arts, literature, sports, business, science, fashion and more.

The intersection of culture, language, race, politics and gender is thought-provoking. *Qui parle français ?* is for anyone curious about French languages and French-speaking cultures.

What is in the books?
- 6 maps of the French-speaking world are found in each book.
- A complete glossary is provided in the back.
- The books can be read in any order and the stories within each book can be read in any order.
- Each book has approximately 1,300 total words.
- Each book contains approximately 450 unique words.
- Each story has around 130 words.
- Each story is written in the present tense and in the first person.

Teacher's Guides
A downloadable Skinny Teachers' Guide will be available at www.arcospublishers.com. The skinny-guide contains brief explanations on providing comprehensible input with trusted CI techniques such as: Picture Talk, Story Listening, Special Person Interviews, Story Asking, One Word Images and more.

Made in the USA
San Bernardino, CA
28 February 2020